PAPEL ECOLÓGICO
TCF LIBRE DE CLORO

FOTOCOPIAR LIBROS
NO ES LEGAL

LIBRO AMIGO DE LOS BOSQUES
PAPEL PROCEDENTE DE FUENTES RESPONSABLES

Título original: *Je découvre les arbres et j'apprends à les reconnaître*
© Millepages, 2016
Publicado por acuerdo con IMC Agencia Literaria
Traducción: Algar Editorial
Supervisión científica: Susanna Ligero
© Algar Editorial
   Apartado de correos 225 - 46600 Alzira
   www.algareditorial.com
Impresión: Índice

1.ª edición: marzo, 2019
ISBN: 978-84-9142-295-2
DL: V-217-2019

Descubro

LOS ÁRBOLES

y aprendo a reconocerlos

Claire Lecœuvre
Laurianne Chevalier

algar

*Para Étienne y Colas, siempre en busca
de tesoros en la naturaleza*
L. C.

Las palabras con asterisco están definidas
en el apartado de léxico del final del libro.

¿QUÉ ES UN ÁRBOL?

El tronco

Los árboles son plantas con tronco. Este tronco está cubierto por una corteza*, que es una especie de piel dura llena de huecos. Es muy importante, ya que protege al árbol de los ataques externos (el frío, el calor y los animales). Bajo la corteza se encuentra la madera, que permite al árbol crecer. Es como si fuera una casa, se necesitan unos muros sólidos para poder sostener el tejado.

Las raíces

Debajo del tronco, las raíces excavan en la tierra y ayudan al árbol a mantenerse bien recto. Pero su función principal es buscar los minerales que los alimentan, y el suelo está lleno de ellos. El agua y estos minerales se mezclan para formar el líquido que nutre al árbol: la savia*. Se parece un poco a nuestra sangre.

SAVIA BRUTA

SAVIA CON AZÚCARES (ELABORADA)

CORTEZA

RAÍCES

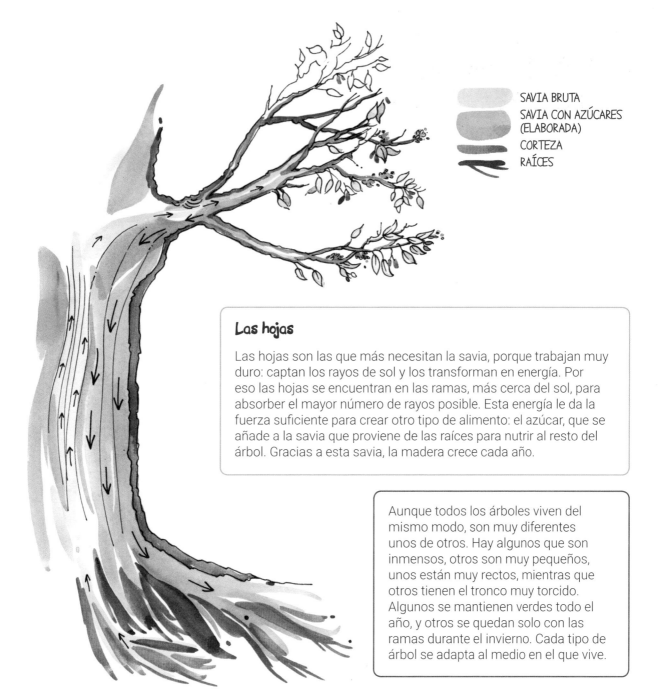

SAVIA BRUTA
SAVIA CON AZÚCARES
(ELABORADA)
CORTEZA
RAÍCES

Las hojas

Las hojas son las que más necesitan la savia, porque trabajan muy duro: captan los rayos de sol y los transforman en energía. Por eso las hojas se encuentran en las ramas, más cerca del sol, para absorber el mayor número de rayos posible. Esta energía le da la fuerza suficiente para crear otro tipo de alimento: el azúcar, que se añade a la savia que proviene de las raíces para nutrir al resto del árbol. Gracias a esta savia, la madera crece cada año.

Aunque todos los árboles viven del mismo modo, son muy diferentes unos de otros. Hay algunos que son inmensos, otros son muy pequeños, unos están muy rectos, mientras que otros tienen el tronco muy torcido. Algunos se mantienen verdes todo el año, y otros se quedan solo con las ramas durante el invierno. Cada tipo de árbol se adapta al medio en el que vive.

LA VIDA DE UN ÁRBOL A LO LARGO DE LAS ESTACIONES

En otoño, el árbol cambia de nuevo. Sus hojas se vuelven naranjas, rojas, amarillas o marrones. Hay menos sol y, por lo tanto, el árbol tiene menos energía: ya no envía savia* a las hojas, y estas caen. No rebrotarán hasta la primavera siguiente.

En primavera, cuando aparecen las flores, es el momento de la fecundación*. Los pájaros y los insectos se alimentan de estas flores y, sin querer, atrapan un polvo llamado polen*, que depositan en otras flores.

En invierno, los árboles hacen como los osos: ¡duermen hasta el regreso de la primavera! Algunos árboles, como los pinos o los abetos, se mantienen verdes todo el año. Son de hoja perenne*. Los otros árboles pierden sus hojas.

Llega el verano y la unión entre el polen y la flor ha formado un fruto, que protege las semillas* del frío o del calor. Existen frutos de muchos tipos.

LA HISTORIA DE UNA SEMILLA QUE SE CONVIERTE EN ÁRBOL

1

Todo empieza con una semilla*, que contiene todo lo necesario para convertirse en árbol.

2

Cuando cae al suelo, se abre y deja salir una pequeña raíz, que se alimenta de la tierra. Se dice que germina.

3

Después, el tallo brota con las primeras hojas. Crece gracias al sol y a la lluvia.

4

Más arriba se desarrollan otras hojas. Luego el tallo engorda y se endurece, se forman la madera y la corteza*, y aparece el tronco.

5

Las ramas crecen en todas direcciones, esta vez hacia los lados. Es una forma de captar mejor los rayos del sol.

6

Algunos árboles crecen muy altos, mientras que otros se quedan pequeños pero con el tronco muy grueso.

INVESTIGO LOS FRUTOS

Los frutos secos que no se abren se llaman aquenios*.

roble   castaño   haya   aliso

Los aquenios que tienen alas se llaman sámaras*.
Gracias al viento, son capaces de volar lejos de su árbol.

arce   fresno   olmo   tilo   carpe   abedul

8

Algunos frutos tienen una especie de caparazón cerrado llamado cápsula*.

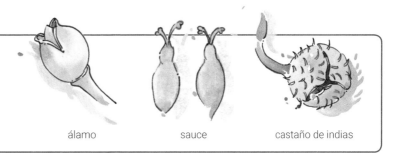

álamo

sauce

castaño de indias

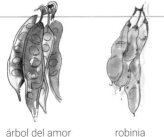

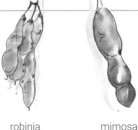

árbol del amor

robinia

mimosa

A veces, las semillas se encuentran encerradas en grupo dentro de un tubo largo y aplastado llamado legumbre*. Cuando se seca, se endurece y estalla y las semillas se dispersan.

También existen los conos formados por escamas duras que protegen las semillas. Son los frutos de las coníferas*.

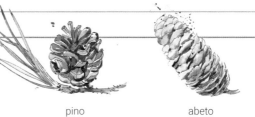

pino

abeto

tejo
(atención, la baya del tejo es tóxica)

manzano

olivo

Muchos otros frutos tienen carne alrededor de las semillas para protegerlas.

El fruto de la magnolia es algo peculiar: en realidad se trata de muchos frutos. Es un fruto múltiple, como la fresa.

INVESTIGO LAS HOJAS

Las hojas nos dan muchas pistas para poder reconocer a los árboles. ¡Depende de ti investigarlas!

Primero observa si el árbol tiene agujas.

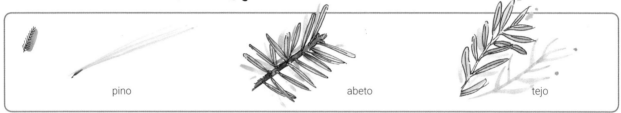

pino

abeto

tejo

Si no tiene agujas, tiene hojas, de modo que es un árbol foliáceo*. ¿En qué categoría lo incluirías?

Hojas triangulares

chopo

abedul

álamo temblón

Hojas redondeadas de forma ovalada

tilo

árbol del amor

aliso

olmo

haya

carpe

10

Hojas alargadas

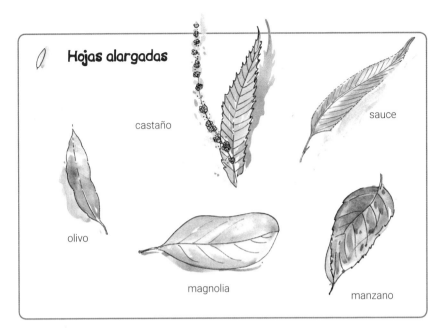

castaño

sauce

olivo

magnolia

manzano

Hojas en abanico

ginkgo

Hojas redondeadas con muchos lóbulos*

roble

Hojas con muchas hojas pequeñas (folíolos*)

fresno

robinia

mimosa

Hojas irregulares

álamo

arce

plátano

castaño de Indias

ARCE

¿Cómo puedes reconocerlo?

El arce tiene las hojas muy irregulares. En otoño son de colores muy vivos: amarillo, naranja o rojo. Sus frutos son muy peculiares: las semillas* tienen dos alas parecidas a hélices. De un golpe de viento, este fruto vuela lejos de su árbol. Tiene las flores pequeñas, de color amarillo o verde.

¿Dónde puedes encontrarlo?

Al arce no le gusta estar solo y crece en los bosques junto a fresnos y robles. Se encuentra esparcido por toda Europa. Necesita mucha luz y mucha agua.

¿Para qué se utiliza?

Gracias a él, podemos fabricar muchas cosas: violines, guitarras, monopatines, hélices de avión y hasta algunos de tus juguetes. También sirve para la cocina: en Canadá adoran el sirope de arce en los pasteles.

¿Cuál es su talento oculto?

El arce es muy resistente, tanto, que podría haberse utilizado para fabricar el inmenso caballo de madera en el que se escondieron los soldados griegos para invadir la ciudad de Troya, como cuenta la leyenda del héroe Ulises.

¿Cuál es su pequeño secreto?

En la bandera de Canadá se puede ver una hoja de arce. La leyenda cuenta que Nokomis, heroína de los indígenas americanos, habría hecho unos agujeros en el tronco de un arce para beber su savia*. ¡De ahí viene el sirope de arce!

En Europa, se dice que Merlín fue a buscar agua pura a la fuente de Barenton, donde crecía un inmenso arce. Para él, como para los druidas, este árbol era un mensajero de los dioses.

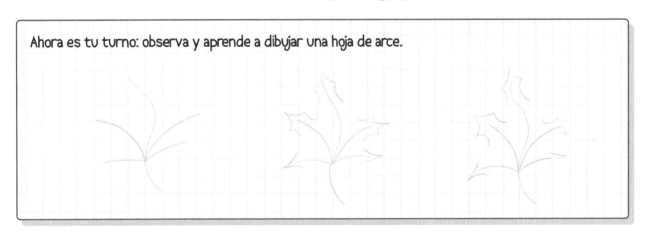

Ahora es tu turno: observa y aprende a dibujar una hoja de arce.

ROBLE

¿Cómo puedes reconocerlo?

El fruto del roble no se parece en nada a una manzana o a una cereza. Puede que lo conozcas: es la bellota*. Todas las bellotas tienen un pequeño sombrero que las cubre y las mantiene en las ramas gracias a un pequeño tallo. El borde de las hojas del roble está lleno de redondeces llamadas lóbulos*. A partir de abril, pequeños grupos de flores de roble se juntan en montones amarillos que cuelgan de las ramas; son los amentos*.

¿Dónde puedes encontrarlo?

En la Península se extiende principalmente por las regiones atlánticas y por la meseta central. Le gustan los hábitats bastante fríos.

¿Para qué se utiliza?

Desde la prehistoria, los seres humanos conocen los usos medicinales del roble. Su corteza*, por ejemplo, tiene propiedades desinfectantes y astringentes. En la actualidad, se fabrican multitud de muebles con madera de roble, que es famosa por su solidez.

¿Cuál es su talento oculto?

A los pies de algunos robles se encuentra la trufa, un hongo muy apreciado. Los robles viejos también pueden albergar un magnífico insecto que tiene unas antenas muy largas: el gorgojo del roble.

¿Cuál es su pequeño secreto?

Con su silueta ancha y sus ramas nudosas, el roble era el árbol de Odín, un dios de la mitología nórdica.

Según los mitos griegos, los robles albergaban a las dríadas, unas diosas que tenían la apariencia de mujeres jóvenes y que protegían los bosques.

Ahora es tu turno: observa y aprende a dibujar una bellota.

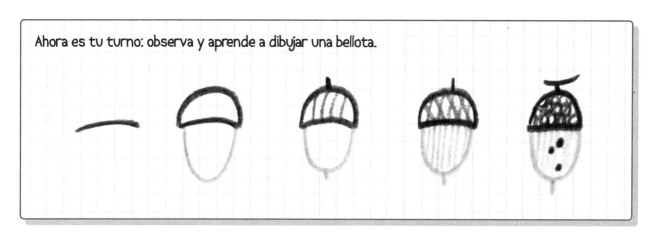

FRESNO

¿Dónde puedes encontrarlo?

Lo encontrarás si paseas cerca de los ríos, donde la tierra es húmeda.

¿Para qué se utiliza?

Puesto que su madera se puede torcer con el paso del tiempo, en la época de los caballeros se utilizaba para fabricar flechas y lanzas. Hoy en día, sirve para fabricar escaleras o el mango de algunas herramientas como, por ejemplo, el rastrillo. En Escocia, durante mucho tiempo, los padres y las madres han dado a los bebés una cucharada de su savia* para protegerlos de las enfermedades.

¿Cuál es su pequeño secreto?

El fresno era el árbol sagrado de los antiguos pueblos del norte. Se llamaba Yggdrasil y unía el mundo de los dioses, de los humanos, de los gigantes...

¿Cómo puedes reconocerlo?

El fresno es un árbol que florece antes de que broten las hojas. En el extremo de las ramas, las yemas son negras y suaves al tacto. Su fruto, con una sola ala, cae al suelo con el viento.

HAYA

¿Dónde puedes encontrarla?

Adora los suelos frescos y con agua, y la puedes encontrar en las montañas, pero no en lugares demasiado elevados. Cuando crece en el bosque, protege a los árboles jóvenes del sol.

¿Para qué se utiliza?

Su madera se puede estropear cuando hay mucha humedad. Principalmente se utiliza para fabricar pequeños objetos, como pomos de puerta o pinzas. No hace mucho, los seres humanos comían sus frutos o se los daban a los cerdos.

¿Cuál es su pequeño secreto?

Para los celtas, era el símbolo del conocimiento, puesto que servía para fabricar los soportes que usaban para escribir.

¿Cómo puedes reconocerla?

Si tocas los bordes de las hojas jóvenes con el dedo, notarás pelos muy suaves. Pero su fruto no es tan agradable: ¡está recubierto de pinchos! Dentro de este fruto se encuentran las semillas*, que parecen castañas pequeñas y que se llaman hayucos*. Las flores brotan al mismo tiempo que las hojas y se agrupan en amentos*.

TILO

¿Cómo puedes reconocerlo?

Todo en el tilo es hermoso: la silueta, en forma de campana, invita a tumbarse bajo sus hojas, ¡y qué hojas! Parecen corazones con una punta larga en la parte de abajo. Sus frutos, unas bolas pequeñas unidas a un ala larga, también son muy bonitos. Justo antes del verano, el olor de las flores perfuma el aire y atrae a numerosos insectos, como las abejas.

¿Dónde puedes encontrarlo?

Es amante de los lugares frescos y de la sombra, y crece en los bosques de las montañas mediterráneas.

¿Para qué se utiliza?

Las flores del tilo se utilizan en tisanas para calmar el cuerpo y el espíritu. Con su polen, las abejas hacen muy buena miel, y su madera se puede utilizar para la escultura.

¿Cuál es su talento oculto?

¡El tilo puede vivir más de mil años! Se ha plantado mucho en las ciudades, en las plazas y cerca de las iglesias, pero cada vez se ven menos junto a las casas porque es muy sensible a la contaminación del aire.

¿Cuál es su pequeño secreto?

El tilo es sagrado para muchos pueblos. Los celtas creían que, bajo sus ramas, las personas aprendían la verdad...

Ahora es tu turno: observa y aprende a dibujar el fruto del tilo.

1   2   3   4

PINO

¿Cómo puedes reconocerlo?

Los pinos pueden ser muy diferentes unos de otros según el medio en el que se encuentren. La mayoría tienen un tronco recto y largo. Sus hojas son agujas, están unidas por parejas y agrupadas en gran número en las ramas. Su fruto se llama piña, pero no se puede comer: ¡está muy dura! Este fruto es un cono*, de modo que el pino forma parte del grupo de las coníferas*. El cono se abre después de entre dos y cuatro años para dejar caer las semillas*, que tienen una pequeña ala. Su madera produce un líquido que se pega mucho a los dedos, la resina*.

¿Dónde puedes encontrarlo?

Se encuentra plantado en grandes cantidades y sin ningún otro tipo de árbol. Hay grandes bosques de pinos por toda la península Ibérica, sobre todo en la zona mediterránea.

¿Para qué se utiliza?

Es el árbol que más se utiliza para cualquier tipo de construcción, ya sean muebles, casas, cajas o incluso postes eléctricos. También se usa para fabricar papel. Los romanos utilizaban su resina* para impermeabilizar los barcos.

¿Cuál es su talento oculto?

Estabiliza los suelos pantanosos, que son muy húmedos. Por este motivo, puedes ver muchos pinos cerca de las playas, para fijar la arena.

¿Cuál es su pequeño secreto?

En Grecia, el pino era el árbol del dios del mar, Poseidón. Cuando le rendían homenaje, ofrecían coronas de pino a los ganadores de los juegos de Corinto, una ciudad situada en la costa.

Ahora es tu turno: observa y aprende a dibujar una piña.

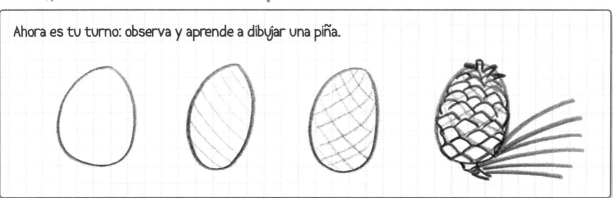

ABETO

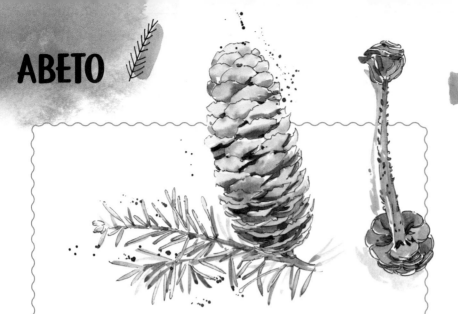

¿Cuál es su pequeño secreto?

Según los celtas, el abeto estaba relacionado con la diosa Druantia, que protegía a los druidas. Estaba asociado al invierno y al inicio del año, pero contrariamente a lo que pueda parecer, no es el árbol de Navidad, sino que es otro árbol llamado pícea.

¿Cómo puedes reconocerlo?

Sus frutos, unos conos* largos, están unidos a las ramas mirando hacia el cielo. Cuando las semillas* caen, una especie de espina grande se queda en el árbol: es el corazón del cono. Las ramas están recubiertas de agujas. Si las acaricias en el sentido adecuado es como acariciar una alfombra suave.

¿Dónde puedes encontrarlo?

Al abeto le gustan los climas fríos y vive sobre todo en las montañas junto con otros árboles como hayas, arces... Sin embargo, es muy sensible a la contaminación de los vehículos, por lo que no lo verás mucho en las ciudades.

¿Para qué se utiliza?

Es muy útil para fabricar cajas, instrumentos de música e incluso papel.

ALISO

¿Cómo puedes reconocerlo?

Lo más fácil es observar sus frutos, que se pueden ver durante todo el año. Parecen pequeños conos dentro de los cuales se esconden las semillas*, que vuelan con el viento. Sus flores forman pequeñas bolas peludas de color violeta y largos amentos* que cuelgan de las ramas.

¿Dónde puedes encontrarlo?

Le gustan los suelos inundados, de modo que podrás verlo cerca de los ríos en las llanuras.

¿Para qué se utiliza?

Como la madera de aliso no se pudre, se utiliza para fabricar los postes que sostienen las casas que se construyen sobre el agua, como por ejemplo en Venecia. A menudo se planta cerca de los ríos ya que, gracias a sus raíces profundas, se evita que las orillas se hundan.

¿Cuál es su pequeño secreto?

Es el árbol de Cronos, titán de la motología griega y padre del dios Zeus, y ha inspirado multitud de leyendas porque, cuando se corta su madera, se vuelve roja. En Irlanda incluso se llegó a prohibir su tala.

OLMO

¿Cómo puedes reconocerlo?

La hoja del olmo es sorprendente: no tiene la base recta, sino que tiene un lado más alto que el otro. Las flores, de color entre rosa y violeta, se abren en paquetes directamente sobre las ramas. Sus frutos también son curiosos: la semilla* está rodeada por dos alas, como si fuese un sol. Al principio, el centro es de color rojo con los bordes verdes, pero cuando el fruto se seca se vuelve marrón.

¿Dónde puedes encontrarlo?

El olmo vive en la mayor parte de la península Ibérica, pero sobre todo en la zona mediterránea. Hace algunos años, una enfermedad redujo considerablemente su población. En 1997, la Unión Europea inició un proyecto para conservar los olmos y para luchar contra esta enfermedad.

¿Para qué se utiliza?

Al igual que el aliso, el olmo no se pudre y su madera servía para fabricar las ruedas de los molinos hidráulicos.

¿Cuál es su talento oculto?

Durante los siglos XIX y XX, una gran cantidad de olmos fueron plantados como árboles ornamentales por toda Europa. ¡Era muy apreciado por su sombra!

¿Cuál es su pequeño secreto?

El olmo siempre se ha considerado un árbol guerrero, un árbol protector. Los caballeros medievales hacían sus lanzas con madera de olmo porque les daban más coraje y les traían suerte en las batallas.

Para los griegos y los romanos era el árbol del dios del sueño.

Ahora es tu turno: observa y aprende a dibujar la hoja del olmo.

Truco de artista: coloca un folio en blanco sobre una hoja de olmo y píntala con un lápiz de color. ¡Verás cómo aparece tu hoja por arte de magia! Atrévete a utilizar distintos colores para hacer degradados.

CASTAÑO

¿Cómo puedes reconocerlo?

¡Ay, cómo pincha! Su fruto está recubierto por un caparazón de espinas, el erizo*. Si lo abres con precaución encontrarás una o más castañas. Bajo esta corteza, el fruto es comestible. Bueno… ¡una vez asado! Antes de tener frutos, el árbol se decora con ramos blancos: son las flores en amentos*. Sus hojas también pinchan, son muy alargadas y tienen muchos dientes* en los bordes.

¿Dónde puedes encontrarlo?

El castaño adora la luz y, en general, crece con otros árboles. Durante las épocas de hambruna, se plantaron bosques enteros de castaños para alimentar a las personas, sobre todo en el sur de Europa.

¿Para qué se utiliza?

Su madera sirve para fabricar muebles. La castaña se puede transformar en harina para fabricar pan, se puede comer entera una vez asada e incluso transformada en bombón: ¡son las castañas confitadas o marron glacé que se comen en Navidad!

¿Cuál es su talento oculto?

Puede vivir durante muchos años, de hecho, uno de los árboles más viejos del mundo es un castaño de Italia que nació hace más de tres mil años. ¡Ha conocido la época de Julio César y el Imperio romano!

¿Cuál es su pequeño secreto?

Su nombre viene de la ciudad turca de Castanis, donde crecían muchos castaños en la época de los romanos.

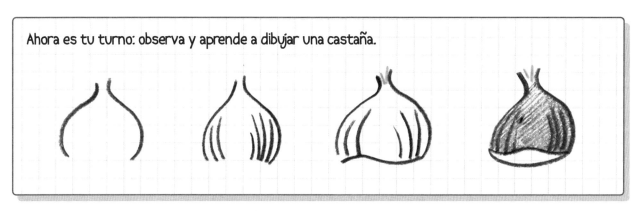

Ahora es tu turno: observa y aprende a dibujar una castaña.

Truco de artista: mezcla un lápiz marrón con un lápiz naranja para obtener un tono de color muy bonito.

ÁLAMO

álamo blanco

álamo negro

¿Dónde puedes encontrarlo?

El álamo vive con los pies en el agua. Puedes ver su silueta en la orilla de los ríos y en los llanos inundados.

¿Para qué se utiliza?

Sirve para fabricar zuecos y cucharas. Su corteza* también se utilizaba para curar el dolor de cabeza y la fiebre. En la actualidad se planta en los parques y en las calles.

¿Cuál es su pequeño secreto?

Para los celtas representaba la vejez, por sus hojas con la parte de abajo blanca, ¡como el pelo de los ancianos! De hecho, se conocen fósiles de álamo que tienen alrededor de ¡cinco millones de años!

¿Cómo puedes reconocerlo?

Los álamos tienen hojas muy variadas. Algunas son triangulares con los bordes redondos, mientras que otras tienen cinco dientes*. Si las tocas verás que por la parte de abajo son muy suaves, aterciopeladas. Sus flores son muy peludas, parecen de algodón.

SAUCE

¿Cómo puedes reconocerlo?

Sus hojas son muy finas y alargadas, y tienen pequeños dientes* en los bordes. Las flores crecen entre marzo y mayo en forma de amentos que miran hacia el cielo. En este amento se agrupan los frutos, en forma de cápsula*, de la que salen pelos blancos (los vilanos*).

¿Dónde puedes encontrarlo?

Con los pies en el agua en la orilla de ríos y riachuelos, donde a menudo vive en compañía del abeto. Los dos juntos forman los bosques de ribera*. En las montañas puede vivir en medio de un río sin ningún problema.

¿Para qué se utiliza?

Gracias a su corteza* hemos sido capaces de descubrir y de fabricar el medicamento más famoso del mundo para curar el dolor de cabeza: la aspirina.

Sus ramas jóvenes son muy flexibles y se pueden trenzar. Para ello, se utiliza sobre todo un sauce llamado mimbre, con el que se fabrican cestas o escobas.

¿Cuál es su pequeño secreto?

En Asia y en Oriente se le considera el árbol de la vida o de la inmortalidad, porque cuando se planta una rama joven en el suelo, hace crecer sus raíces muy fácilmente y origina un nuevo árbol.

CARPE

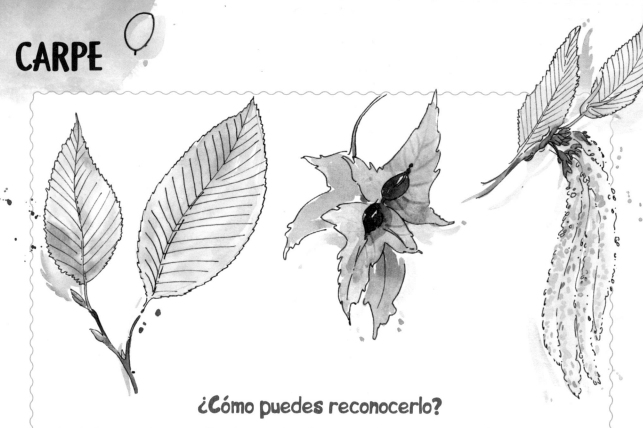

¿Cómo puedes reconocerlo?

Sus hojas se vuelven amarillas durante el otoño, ¡es muy hermoso! Coge una hoja y, si la tocas, verás que no es lisa, sino que está llena de líneas. En los bordes, tiene dientes* muy juntos. Mira más de cerca: hay dientes grandes y pequeños. Cuando llega el buen tiempo, el árbol florece en largos amentos*. Sus frutos parecen ramos de flores, pero en realidad son hojas pequeñas con tres lóbulos* que esconden una especie de avellana dura.

¿Dónde puedes encontrarlo?

Los carpes se encuentran extendidos por todos los bosques del centro de Europa. En la península Ibérica solo crecen de manera silvestre en Navarra. No se encuentran en el sur, ya que son sensibles al viento y a la falta de agua.

¿Para qué se utiliza?

El carpe sirve para fabricar piezas de piano, las que crean el sonido que oyes cuando pulsas una tecla. También se plantaba para obtener carbón vegetal, que se quema para calentar las casas y para cocinar.

¿Cuál es su talento oculto?

El carpe tiene superpoderes: puede curar las heridas, ya que ayuda a la sangre a secarse más rápido; ayuda a calmar la tos, y las infusiones de sus hojas sirven de colirio para limpiar los ojos.

¿Cuál es su pequeño secreto?

El carpe ha sido utilizado tradicionalmente para fabricar una pieza de madera, el yugo, que se ponía en el cuello de los bueyes para unirlos a los carros y los arados en la época en la que aún no existían los tractores.

Ahora es tu turno: observa y aprende a dibujar una hoja de carpe.

1   2   3

Truco de artista: con el cartón ondulado de una caja de galletas, recorta dos mitades de hoja y pégalas una al lado de la otra.

OLIVO

haz

envés

¿Cómo puedes reconocerlo?

Sus hojas pequeñas son duras al tacto. Son de color verde oscuro por la parte de arriba, y verde claro por la de abajo. Sus flores, blancas, salen en forma de racimos*. Su fruto es la aceituna, ¡ñam! Pero cuidado, se tienen que transformar para poder comerlas. Las aceitunas son verdes y se vuelven negras cuando están muy maduras. El hueso de las aceitunas es la semilla* del olivo. Aunque no crece muy alto, puede ser enorme, con el tronco lleno de contornos y agujeros.

¿Dónde puedes encontrarlo?

El ser humano cultiva el olivo desde hace más de tres mil años. Las aceitunas se recolectan en otoño para luego conservarse o ser transformadas en aceite de oliva. Es propio de los climas mediterráneos, y se cultiva en grandes cantidades en toda la zona del sur y del este de la península Ibérica.

¿Para qué se utiliza?

Las aceitunas se usan para cocinar y para curar. Los egipcios las usaban para tratar los problemas de la piel. Hoy en día, aún hay muchas cremas que se fabrican con aceite de oliva.

¿Cuál es su talento oculto?

Un olivo puede producir sesenta quilos de aceitunas, ¡eso es tres veces más de lo que pesas tú! Aunque solo da frutos cada dos años, España es uno de los principales productores de aceitunas del mundo, ¡con casi ocho millones de toneladas al año!

Es uno de los árboles más longevos: ¡puede vivir entre mil y dos mil años!

¿Cuál es su pequeño secreto?

Estaba protegido por los dioses griegos y a los ganadores de los juegos deportivos se les obsequiaba con coronas de olivo.

Aparece en muchas religiones como símbolo de la paz.

Ahora es tu turno: observa y aprende a dibujar un olivo.

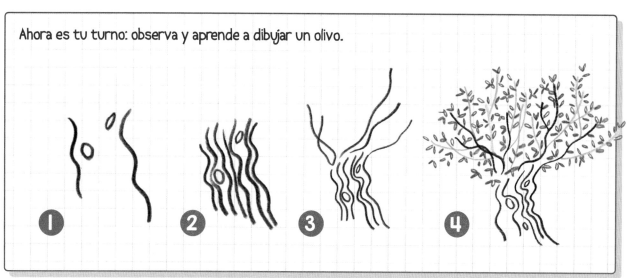

1 2 3 4

TEJO

¿Cómo puedes reconocerlo?

El tejo es una conífera* que mantiene sus hojas verdes durante todo el año.
Sus flores forman una pequeña bola y produce unos frutos rojos muy bonitos,
redondos y con un agujero por el que se puede ver la semilla* de color negro.

¿Dónde puedes encontrarlo?

Es un árbol pequeño y en los bosques se suele encontrar bajo otros árboles, como hayas o robles. En los llanos, a veces forman un conjunto denso casi como un bosque: una tejeda*. Se han talado multitud de tejos, ya que es muy tóxico y, al comer sus frutos, muchos animales de ganado morían. Debido a la tala abundante, los tejos son cada vez más escasos. El mayor bosque de tejos de Europa se encuentra en Asturias y está declarado espacio protegido.

¿Para qué se utiliza?

Todo en el árbol es tóxico, y los cántabros, un antiguo pueblo que vivía al norte de la península Ibérica, lo utilizaban como veneno. Aunque parezca extraño, hace poco se descubrió que, en pequeñas dosis, es muy útil en los tratamientos contra el cáncer.

¿Cuál es su pequeño secreto?

El tejo puede vivir durante mucho tiempo, más de dos mil años. Simboliza al mismo tiempo la muerte y la vida eterna. Por este motivo se pueden encontrar algunos tejos cerca de los cementerios.

¡También se dice que las varitas mágicas se fabricaban con madera de tejo!

ABEDUL

¿Dónde puedes encontrarlo?

El abedul es un árbol pionero, porque se instala en los suelos pobres o difíciles de toda Europa, sobre todo en el norte. No teme al frío y puede vivir a gran altitud, pero entonces se queda pequeño. En cambio, necesita terrenos con agua.

¿Cómo puedes reconocerlo?

Su tronco es muy llamativo: blanco con rayas negras. A veces pierde trozos muy grandes de corteza*, es asombroso. Sus hojas son triangulares y sus frutos parecen salchichas marrones con escamas.

¿Para qué se utiliza?

Es muy útil para calentar las casas, porque su madera produce mucho calor. En el norte de Europa utilizaban su corteza para fabricar zapatos o como soporte para escribir.

Este árbol maravilloso es, además, una auténtica farmacia. Sus hojas, su corteza y hasta su savia* permiten limpiar el estómago y otros órganos de nuestro cuerpo.

¿Cuál es su pequeño secreto?

Los celtas, los amerindios y los pueblos del norte de Europa lo llamaban el árbol de la sabiduría.

MANZANO

¿Cómo puedes reconocerlo?

Seguro que ya has probado su fruto: la manzana. Dentro contiene las semillas*, y si las
entierras y las riegas, germinarán para dar lugar a una hoja y a un tallo, que un día se
convertirán en un manzano. Tiene las hojas redondas, suaves y con pelos en la parte de abajo.
Sus flores son blancas y ligeramente rosadas.

¿Dónde puedes encontrarlo?

El manzano es originario de Kazajistán, en el
este de Europa, y crece en los suelos húmedos
y soleados.

¿Para qué se utiliza?

Forma parte de los árboles frutales, de los que
nos comemos la fruta, por este motivo se cultiva.
De la manzana también se hace zumo.

¿Cuál es su talento oculto?

Existen más de siete mil clases de manzana: grandes, pequeñas, dulces, ácidas... ¡Las hay para todos los gustos!

¿Cuál es su pequeño secreto?

La manzana está relacionada con el conocimiento y con la vida. En la tradición cretense se la consideraba el símbolo del saber de Dios.

Para los antiguos pueblos del norte de Europa, todo aquel que comiese una manzana dada por la diosa Idunn permanecía joven para siempre.

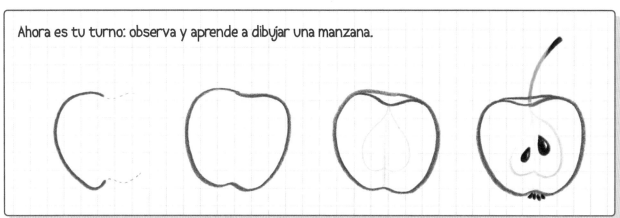

Ahora es tu turno: observa y aprende a dibujar una manzana.

PLÁTANO

¿Cómo puedes reconocerlo?

En otoño, sus grandes hojas cubren las aceras. Son muy irregulares y se dice que son «palmadas*», ¡como las patas de los patos! Su corteza* es muy especial y se rompe en trozos grandes. Si se retiran, dejan una mancha entre marrón y amarilla en el tronco. Su flor redonda, que se convierte en fruto muy rápidamente, permanece en las ramas incluso cuando el árbol ha perdido las hojas. Este fruto se balancea con el viento y deja caer semillas* llenas de pelos.

¿Dónde puedes encontrarlo?

Es muy común en los parques y jardines de todas las ciudades de las zonas templadas del mundo. Por desgracia, los plátanos están siendo atacados por un hongo que los debilita y los mata.

38

¿Para qué se utiliza?

Se utiliza para fabricar las vigas de las casas y para construir barcos. Aunque es muy resistente, los insectos lo atacan con facilidad.

¿Qué aventuras ha vivido?

El plátano no es originario de Europa, sino de América del Norte. Se dice que un jardinero del rey de Inglaterra unió dos tipos de plátano en los años 1670 y obtuvo el árbol que puedes ver por las calles. Antes de que existiesen los coches, se plantaban muchos plátanos en los caminos para proporcionar sombra a los carros lentos que transportaban las mercancías, sobre todo en los duros veranos mediterráneos.

¿Cuál es su pequeño secreto?

El plátano está relacionado con los médicos. Hace 2.500 años, el médico griego Hipócrates impartía sus clases bajo un plátano. En Grecia, todavía se puede ver este célebre árbol en la plaza del Plátano de Cos.

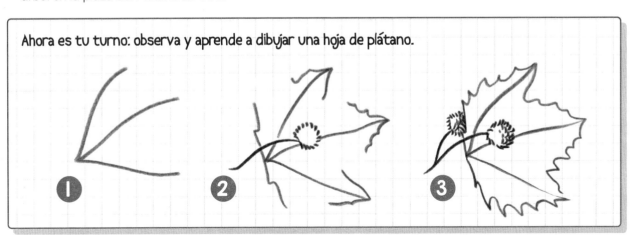

Ahora es tu turno: observa y aprende a dibujar una hoja de plátano.

1

2

3

ÁRBOL DEL AMOR

¿Dónde puedes encontrarlo?

Es nativo de las zonas del norte del Mediterráneo y se encuentra en pendientes áridas a lo largo de las riberas de los ríos.

¿Cómo puedes reconocerlo?

Durante el mes de mayo se cubre de una gran cantidad de flores de color rosa. Si te fijas, verás que las flores parece que tengan una narizota, orejas ¡y barba! Justo después llegan las hojas, redondas y muy suaves. Los frutos forman una especie de palitos, las legumbres*, que encierran las semillas* bajo una piel verde y roja.

¿Para qué se utiliza?

A veces se planta cerca de árboles frutales para protegerlos, porque atrae a las cinches que se comen los parásitos de manzanos, perales y olivos.

¿Cuál es su pequeño secreto?

Es originario de Judea, el antiguo nombre de la región de Jerusalén, donde abundaban los árboles de este tipo.

MIMOSA

¿Cómo puedes reconocerla?

Tiene las hojas formadas por folíolos* muy pequeños.
¡Tiene tantos que es imposible contarlos! Cuando florece,
en invierno, es muy hermoso, ya que las flores
forman muchos pompones pequeños y amarillos.
¡Y además huelen de maravilla!

¿Para qué se utiliza?

Antes de ser considerada una especie invasora, se cultivaba en los jardines por la gran cantidad de flores que produce, y por su color y su aroma. Desde hace doscientos años se usa para la fabricación de perfumes.

¿Qué aventuras ha vivido?

La mimosa es originaria de Australia y de Nueva Zelanda. Puesto que es un árbol colonizador y crece muy rápido, se la ha catalogado como especie exótica invasora, y en España se ha prohibido plantarla, poseerla o transportarla, ya que amenaza a las especies autóctonas.

¿Cuál es su talento oculto?

Incluso en los lugares muy fríos, sus raíces son muy resistentes. En 1931, después de una gran helada en varias regiones de Europa, algunas mimosas consiguieron rebrotar y crecer de manera espontánea.

41

GINKGO

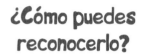

¿Cómo puedes reconocerlo?

Gracias a sus hojas en forma de abanico y partidas por la mitad, es muy fácil reconocerlo a simple vista. Son de un color verde vivo y en otoño se vuelven de un amarillo dorado. El ginkgo no da frutos, pero produce unas bolas verdes que, si caen al suelo, se convierten en un nuevo árbol.

¿Para qué se utiliza?

En China se utilizaban sus hojas para calmar los problemas respiratorios, como por ejemplo el asma. Hoy en día se cultiva para la investigación, ya que se cree que puede mejorar las capacidades cerebrales.

¿Qué aventuras ha vivido?

En el siglo XVIII, un médico del norte de Europa que visitaba Japón consideró que era tan bonito que lo importó a Europa.

¿Cuál es su talento oculto?

Es el árbol más viejo que se conoce. Ya existía en la época de los dinosaurios, ¡por eso se dice que es un fósil viviente!

¿Cuál es su pequeño secreto?

La hoja del ginkgo, símbolo de la larga vida, es el emblema de Tokio, en Japón.

También se le conoce con el nombre de árbol de los cuarenta escudos, puesto que es el precio que el botánico francés M. de Pétigny pagó a un horticultor inglés por la compra de cinco ginkgos. Era una suma de dinero muy importante en el siglo XVIII.

Ahora es tu turno: observa y aprende a dibujar una hoja de ginkgo.

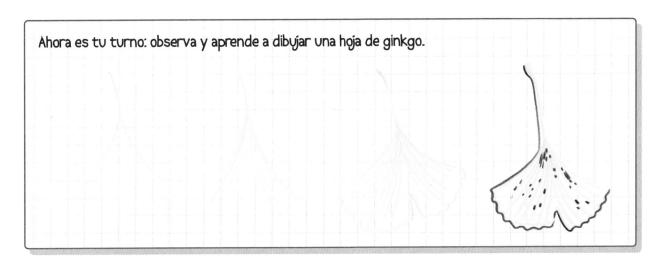

CASTAÑO DE INDIAS

¿Cómo puedes reconocerlo?

En mayo, sus flores se elevan como estacas por encima de las hojas. Desde la distancia, son como puntos blancos o rosados... Sus hojas grandes se doblan sobre sí mismas, como si fueran garras de águila. Si se despliegan, puedes contar siete hojas que se juntan todas en un punto. Ten cuidado, no se deben comer sus frutos, son tóxicos.

¿Qué aventuras ha vivido?

Es originario de Constantinopla, en Turquía, y lo trajo una compañía comercial llamada la Compañía de las Indias en el siglo XVIII. Hoy en día, es muy habitual verlo en las calles de las ciudades.

¿Para qué se utiliza?

En medicina se usan su fruto y su corteza* como remedio para mejorar la circulación de la sangre. En Turquía, su fruto se usaba como medicina para los caballos con problemas para respirar.

¿Cuál es su talento oculto?

Su corteza tiene un elemento capaz de absorber los rayos de sol, y es un componente esencial en algunas cremas solares.

¿Cuál es su pequeño secreto?

Se llama castaño de Indias por error: se pensaba que era originario de las Indias Orientales, ¡pero tiene su origen en Turquía!

En la ciudad de Ginebra, en Suiza, todo el mundo espera ansioso la llegada de sus hojas, que anuncian el inicio de la primavera. Incluso se ha convertido en el símbolo oficial de esta estación.

Ahora es tu turno: observa y aprende a dibujar una hoja de castaño de Indias.

MAGNOLIA

¿Qué aventuras ha vivido?

Llegó a Europa en el siglo XVIII, tras una expedición a Norteamérica, dentro de la actual Virginia. Las magnolias que decoran los jardines en la actualidad provienen también de Asia.

¿Para qué se utiliza?

La corteza* de la magnolia se utiliza en la medicina china tradicional en muchos preparados. En los países con climas templados se plantan por su belleza y por la longevidad de sus flores.

¿Cómo puedes reconocerla?

Sus hojas son muy duras y brillantes, y no se parece a ningún otro árbol. Tiene las flores muy grandes y hermosas, ¡de color blanco o rosa! Permanecen en el árbol durante mucho tiempo, de verano a otoño. Su fruto también es enorme y es parecido a una alcachofa.

¿Cuál es su talento oculto?

La magnolia es una de las primeras plantas con flores que aparecieron en la Tierra, pero a veces es necesario esperar hasta veinte años antes de verla florecer.

ROBINIA

¿Cómo puedes reconocerla?

Cada hoja tiene de once a diecisiete folíolos*. En la base de las hojas hay dos pequeñas espinas. ¡Cuidado, no te pinches! Las flores caen en grandes racimos* blancos, ¡son muy bonitos y huelen muy bien!

¿Qué aventuras ha vivido?

Los ingleses la descubrieron en Virginia, en Norteamérica. Se ha adaptado muy bien a todos los medios en los que ha sido plantada porque crece con facilidad en suelos pobres y terrenos abandonados. Es capaz incluso de transformarlos gracias a las bacterias que viven cerca de sus raíces. Esto modifica las condiciones de vida de las otras plantas, lo que puede ocasionar problemas.

¿Para qué se utiliza?

A partir de sus flores, las abejas producen miel, y también se elaboran postres y siropes.

¿Cuál es su pequeño secreto?

Su nombre viene del jardinero del rey de Francia Luis XIII, llamado Jean Robin, que plantó esta especie por primera vez en 1640.

¿Cuál es su talento oculto?

Es muy resistente a la contaminación de las ciudades.

LÉXICO

AMENTO: conjunto de flores unidas alrededor de un tallo que cuelga o que se eleva hacia el cielo.

AQUENIO: fruto seco que no se abre.

BELLOTA: fruto del roble.

BOSQUE DE RIBERA: bosque formado por árboles que viven en un curso de agua, en un río.

CÁPSULA: envoltorio seco y duro, más o menos redondo, que contiene las semillas.

CONÍFERAS: familia de árboles cuyos frutos son conos.

CONO: fruto duro y lleno de escamas de los pinos, de los abetos, de las secuoyas o de los cedros.

CORTEZA: parte externa de la madera de los árboles, suficientemente gruesa para protegerlos.

DIENTE: parte de alrededor de las hojas que tiene forma de diente.

ERIZO: caparazón que envuelve la castaña, el fruto del castaño.

FECUNDACIÓN: unión de una célula masculina y de una célula femenina que da lugar a un nuevo ser vivo.

FOLIÁCEO: árbol que tiene hojas.

FOLÍOLO: cada una de las pequeñas hojas que constituyen una hoja completa.

HAYUCO: fruto de la haya.

LEGUMBRE: fruto seco dotado de un envoltorio que contiene muchas semillas.

LÓBULO: parte redondeada de una hoja.

PALMADO: se dice de una hoja que tiene tres o cinco dedos en la parte superior, como los dedos de una mano.

PERENNE: hoja o aguja que permanece en el árbol a pesar del invierno.

POLEN: polvo muy fino producido por las flores que permite la reproducción.

RACIMO: conjunto de flores unidas alrededor de un tallo.

RESINA: líquido adhesivo producido por las coníferas.

SÁMARA: fruto seco en forma de ala.

SAVIA: líquido que alimenta a las plantas y a los árboles, como la sangre para los seres humanos.

SEMILLA: parte de la planta y del árbol que origina un nuevo árbol.

TEJEDA: bosque formado por tejos.

VILANO: manojo de pelos muy finos enganchados a las semillas.